# Das große Buch der Kinderlieder

Das große Buch der

# Kinderlieder

Herausgegeben von Brigitte Beck
Illustriert von Gaby Blam

Bassermann

# Inhalt



## Einfache Lieder für die Kleinsten



## Lieder zum Tanzen und Spielen



## Lieder von allerlei Tieren

## Lustige Lieder für fröhliche Kinder



## Lieder vom Frühling, Sommer, Herbst und Winter



## Lieder vom Wandern, Jagen und der Seefahrt



## Die schönsten Kanons für alle Gelegenheiten

## Lieder zum Abend und Schlafengehen



## Lieder zum Advent, Nikolaustag und Weihnachtsfest

# Vorwort

An die Melodien der Lieder, die man in seiner Kindheit gesungen hat, erinnert man sich meist ein Leben lang – auch wenn man den Wortlaut einzelner Strophen längst vergessen hat. Dieses Buch will dazu beitragen, die Tradition der Kinderlieder fortzuführen, indem es die beliebtesten, mit allen Strophen und einfachen Gitarrengriffen versehen, vorstellt. Es beginnt bei den ganz einfachen Liedern für die Allerkleinsten und geht hin bis zu den schönsten Advents- und Weihnachtsliedern, die auf das Fest einstimmen. Zur Erläuterung der Gitarrenbegleitung werden die vorkommenden Griffe auf Griffbildern gezeigt (Seite 124/125).

Alle, die an der Entstehung dieses Buches beteiligt waren, wünschen Kindern und Erwachsenen viel Freude damit und ermuntern sie mit dem Kanon von Seite 89:

„Auf, ihr Kinder,
auf und singt,
bis es immer besser,
immer besser klingt!“

# Einfache Lieder für die Kleinsten

# Backe, backe Kuchen

Den meisten Kindern macht es einen Riesenspaß, der Mutter in der Küche beim Kuchenbacken zu helfen und dabei Teig zu naschen. Dank dieses Liedes, das seinen Ursprung in Thüringen und Sachsen hat, kennen die Kinder die Zutaten ganz genau.

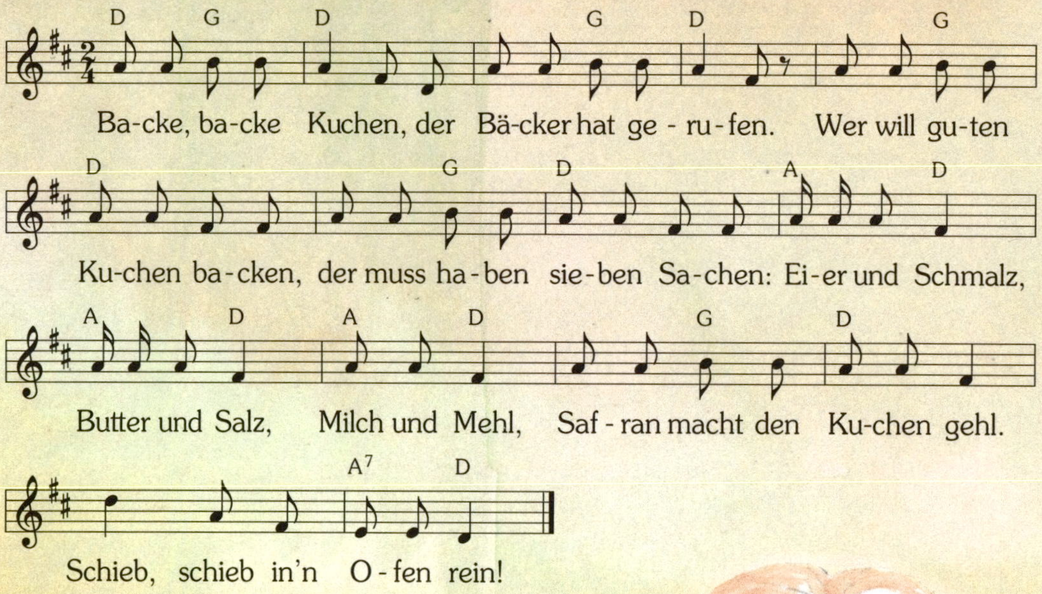

# Lirum, larum Löffelstiel



Beim Suppenrühren sang man früher dieses alte Kinderlied, das im zweiten Vers nicht nur den pädagogischen Zeigefinger hebt, sondern auch auf soziale Unterschiede hinweist.

2.
Lirum, larum Löffelstiel,
wer nichts lernt, der kann nicht viel.
Reiche Leute essen Speck,
arme Leute hab'n Dreck.
Lirum, larum Leier,
die Butter, die ist teuer.

# Ist ein Mann in'n Brunnen g'fallen

Ähnlich wie „Alle meine Entchen" baut sich dieses Lied aus den ersten fünf Tönen einer Tonleiter auf – gerade richtig für die Allerkleinsten.

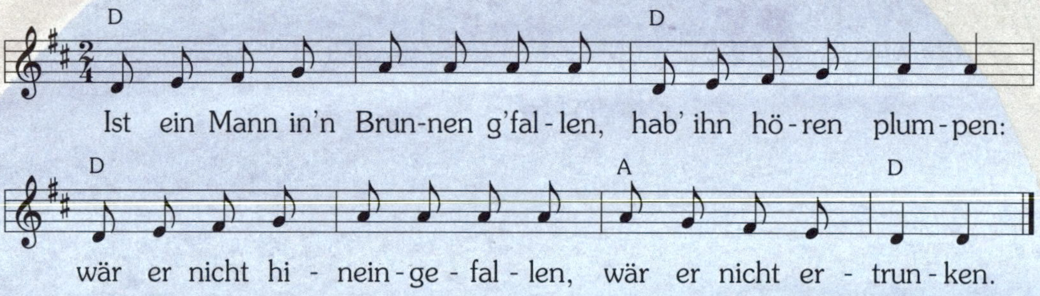

# Hoppe, hoppe Reiter

Zu diesem Lied nimmt man das Kind auf den Schoß und wippt mit den Knien, sodass das Kind „reitet“. Wenn der Reiter dann in den Sumpf fällt und plumps macht, kippt man das Kind nach hinten, hält es dabei aber gut fest. Die meisten Kinder können von einem solchen Ritt nicht genug bekommen!

# Hänschen klein

Das Lied vom Hänschen stammt von Frank Wiedemann aus dem 19. Jahrhundert und handelte ursprünglich über das Erwachsenwerden. Den heutigen Text, der Anfang des 20. Jahrhunderts umgedichtet wurde, gibt es auch einstrophig. Die letzte Zeile dieser Version lautet dann: „Da besinnt sich das Kind, läuft nach Haus geschwind."

2.
Sieben Jahr, trüb und klar,
Hänschen in der Fremde war;
da besinnt sich das Kind,
eilet heim geschwind.
Doch nun ist's kein Hänschen mehr,
nein, ein großer Hans ist er.
Braun gebrannt Stirn und Hand.
Wird er wohl erkannt?

3.
Eins, zwei, drei gehen vorbei,
wissen nicht, wer das wohl sei.
Schwester spricht: „Welch Gesicht!“,
kennt den Bruder nicht.
Doch da kommt sein Mütterlein,
schaut ihm kaum ins Aug' hinein,
spricht sie schon: „Hans, mein Sohn!
Grüß dich Gott, mein Sohn!“

# Spannenlanger Hansel

Das lustige Lied vom spannenlangen Hansel und der nudeldicken Dirn stammt aus den Alpenländern, vermutlich aus Österreich. Beim Singen können die Kinder das ungleiche Paar auch pantomimisch darstellen.

2.
„Lauf doch nicht so eilig,
spannenlanger Hans!
Ich verlier die Birnen
und die Schuh noch ganz."
„Trägst ja nur die kleinen,
nudeldicke Dirn,
und ich schlepp den schweren Sack
mit den großen Birn'."

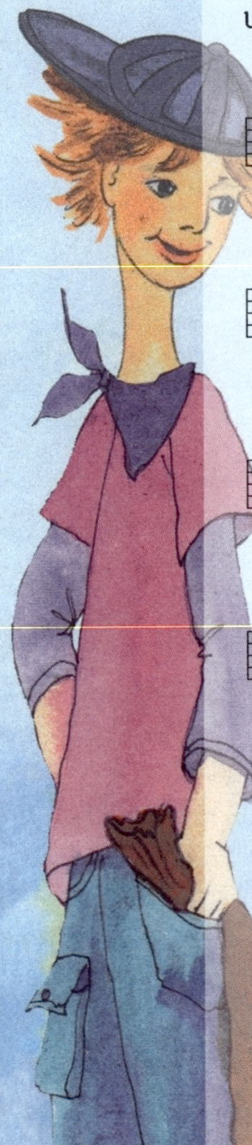

# Ri, ra, rutsch

Heutzutage haben nur wenige Kinder die Gelegenheit, einmal in einer Kutsche zu fahren. Aber bestimmt können sie sich beim Singen dieses Kinderliedes gut vorstellen, wie viel Spaß so eine Kutschfahrt macht …

# Ein Männlein steht im Walde

Das Rätsel von der Hagebutte hat sich Heinrich Hoffmann von Fallersleben im Jahr 1843 zu einer Volksweise vom Niederrhein ausgedacht. Es ist bis heute eines der beliebtesten Kinderlieder.

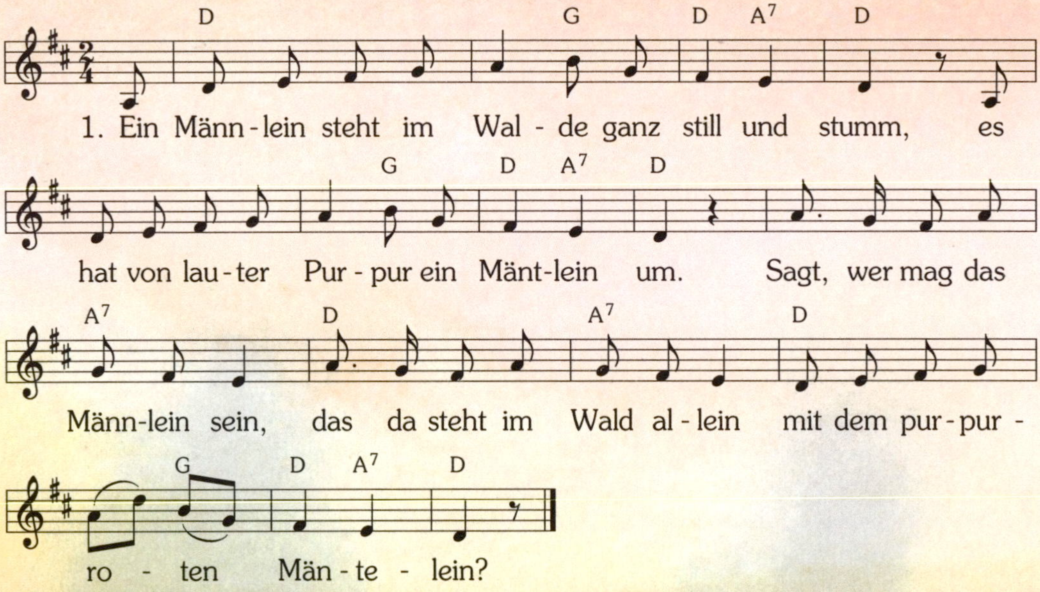


2.
Das Männlein steht im Walde
auf einem Bein
und hat auf seinem Haupte
schwarz Käppelein.
Sagt, wer mag das Männlein sein,
das da steht im Wald allein
mit dem kleinen, schwarzen Käppelein?

(ein Kind antwortet:)
Das Männlein dort auf einem Bein
mit seinem roten Mäntelein
und seinem schwarzen Käppelein
kann nur die Hagebutte sein!

# Es tanzt ein Bi-Ba-Butzemann

In der Liedersammlung „Des Knaben Wunderhorn“ (1806–1808) wurde das Lied vom Butzemann aufgezeichnet, der nach dem Volksglauben ein Schabernack treibender Hausgeist ist. Dazu gibt es auch ein Spiel: Ein Kind spielt den Butzemann, der sein „Säcklein“, z.B. ein Taschentuch, einem anderen Kind zuwirft, das anschließend zum Butzemann wird.

57

# Lieder zum Tanzen und Spielen

# Ringel, Ringel, Reihe

Zu diesem Reigenlied tanzen die Kinder im Kreis herum. Wenn es heißt: „Machen alle husch, husch, husch!“, gehen sie in die Hocke.

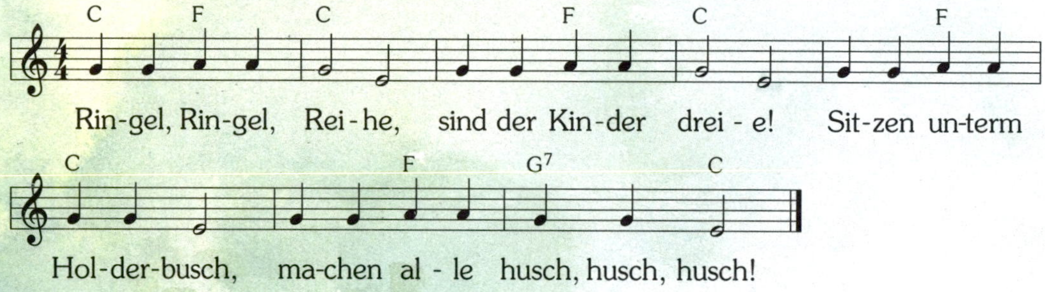

# Brüderchen, komm, tanz mit mir

Das Lied ist eine alte Volksweise, die Engelbert Humperdinck 1893 bearbeitet und in seine Märchenoper „Hänsel und Gretel“ aufgenommen hat. Die Kinder tanzen zusammen und machen dabei die Bewegungen, die im Lied beschrieben sind.

2.
Mit den Händchen klipp, klipp, klapp,
mit den Füßchen tripp, tripp, trapp,
einmal hin, einmal her,
rundherum, das ist nicht schwer.

3.
Mit dem Köpfchen nick, nick, nick,
mit den Fingerchen tick, tick, tick,
einmal hin, einmal her,
rundherum, das ist nicht schwer.

4.
Ei, das hast du gut gemacht,
ei, das hätt' ich nicht gedacht,
einmal hin, einmal her,
rundherum, das ist nicht schwer.

5.
Noch einmal das schöne Spiel,
weil es mir so gut gefiel,
einmal hin, einmal her,
rundherum, das ist nicht schwer.

# Häschen in der Grube

Die Kinder bilden einen Kreis und tanzen um ein Kind in der Mitte herum, das das Häschen spielt und auf dem Boden kauert. Wenn es heißt: „Häschen, hüpf!“, muss das Kind versuchen, aus dem Kreis zu hüpfen.

# Zeigt her eure Füßchen

Ähnlich wie beim Lied von den fleißigen Handwerkern (Seite 40) machen auch hier die kleinen Sänger und Sängerinnen die entsprechenden Bewegungen: Sie zeigen die Füße, „waschen“, „wringen“ usw.

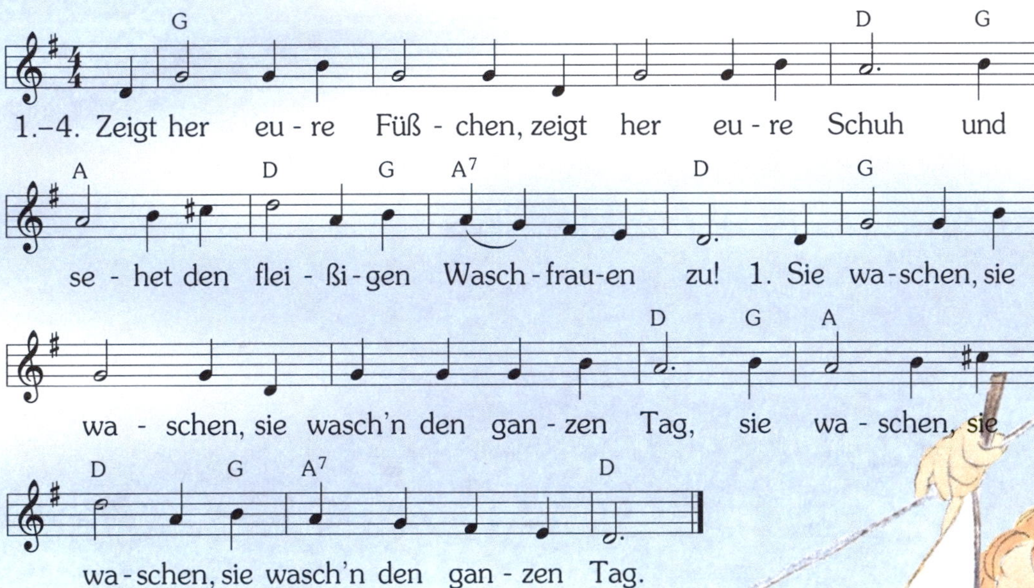


2.
Zeigt her …
Sie wringen, sie wringen,
sie wring'n den ganzen Tag.

3.
Zeigt her …
Sie hängen, sie hängen,
sie häng'n den ganzen Tag.

4.
Zeigt her …
Sie bügeln, sie bügeln,
sie büg'ln den ganzen Tag.

# Wer will fleißige Handwerker sehn

Bei diesem Lied werden die Kinder zu kleinen Handwerkern: Wie in den Strophen beschrieben, versuchen sie, die typischen Bewegungen nachzumachen.

2.
|: O wie fein, :|
der Glaser setzt die Scheiben ein.

3.
|: Tauchet ein, :|
der Maler streicht die Wände fein.

4.
|: Zisch, zisch, zisch, :|
der Tischler hobelt glatt den Tisch.

5.
|: Trapp, trapp, drein, :|
jetzt gehen wir von der Arbeit heim.

6.
|: Poch, poch, poch, :|
der Schuster schustert zu das Loch.

7.
|: Stich, stich, stich, :|
der Schneider näht ein Kleid für mich.

8.
|: Rühre ein, :|
der Kuchen wird bald fertig sein.

9.
|: Hopp, hopp, hopp, :|
jetzt tanzen alle im Galopp.

# Taler, Taler, du musst wandern

Für das Spiel zu diesem Lied braucht man lediglich eine Münze oder einen Ring: Die Kinder bilden einen Kreis um ein Kind und reichen die Münze oder den Ring im Kreis heimlich weiter. Wenn das Lied zu Ende ist, muss das Kind in der Mitte raten, wo sich der Schatz befindet. Wenn es richtig geraten hat, werden die Plätze getauscht.

2.
Ringlein, Ringlein, du musst wandern,
von dem einen zu dem andern.
Ei wie schön, ei wie schön
ist das Ringlein anzusehn.

# Auf der Mauer, auf der Lauer

Dieses Lied hat es in sich: Die erste Strophe singt man ganz normal. In der zweiten Strophe wird bei den Wörtern „Wanze“ und „tanze’“ der letzte Buchstabe weggelassen, in der folgenden dann zwei Buchstaben und so weiter, bis keinen mehr übrig ist und das Lied dafür viele Pausen enthält.

2.
Auf der Mauer, auf der Lauer sitzt ’ne kleine Wanz ... usw.

3.
Auf der Mauer, auf der Lauer sitzt ’ne kleine Wan ...

4.
Auf der Mauer, auf der Lauer sitzt ’ne kleine Wa ...

5.
Auf der Mauer, auf der Lauer sitzt ’ne kleine W ...

6.
Auf der Mauer, auf der Lauer sitzt ’ne kleine ...

# Mein Hut, der hat drei Ecken

Dieses Lied ist gleichzeitig ein lustiges Spiel: Beim Singen der ersten Strophe macht man zu bestimmten Wörtern entsprechende Gesten: Bei „mein“ tippt man sich auf die Brust, bei „Hut“ an den Kopf, bei „drei“ zeigt man drei Finger vor, bei „Ecken“ tippt man an den Ellbogen und bei „nicht“ schüttelt man den Kopf. Bei der nächsten Strophe lässt man „mein“ weg und macht nur die Geste, bei der übernächsten entfallen „mein“ und „Hut“, und so weiter, bis man nur noch ganz wenige Wörter singen darf. Zusätzlich kann man auch ein Pfänderspiel machen: Wer einen Fehler beim Singen oder bei den Gesten macht, muss ein Pfand abgeben.

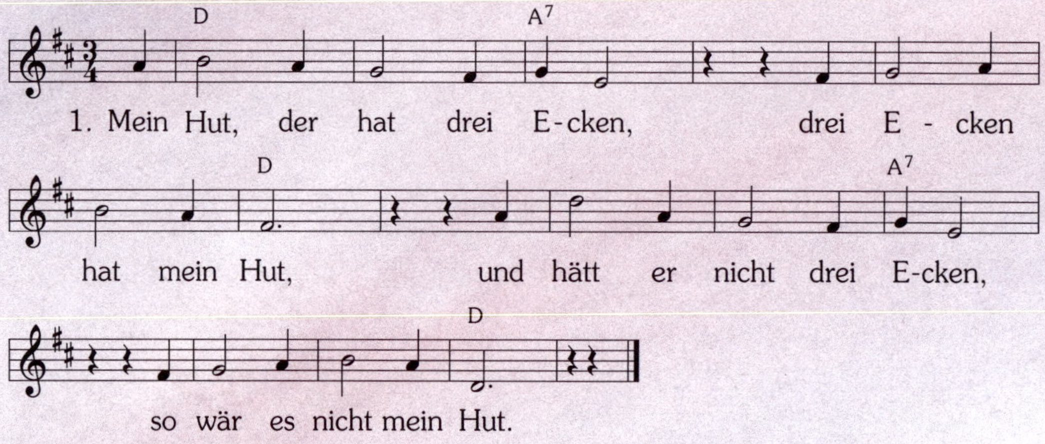

2.
... Hut, der hat drei Ecken,
drei Ecken hat ... Hut,
und hätt er nicht drei Ecken,
dann wär's auch nicht ... Hut.

3.
... ..., der hat drei Ecken,
drei Ecken hat ... ...,
und hätt er nicht drei Ecken,
dann wär's auch nicht ... ... .

4.
... ..., der hat ... Ecken,
... Ecken hat ... ...,
und hätt er nicht ... Ecken,
dann wär's auch nicht ... ... .

5.
... ..., der hat ... ...,
... ... hat ... ...,
und hätt er nicht ... ...,
dann wär's auch nicht ... ... .

6.
... ..., der hat ... ...,
... ... hat ... ...,
und hätt er ... ... ...,
dann wär's auch ... ... ... .

# Lieder von allerlei Tieren

# Abc, die Katze lief im Schnee

Dieses thüringische Lied aus der Mitte des 19. Jahrhunderts wird gerne gesungen, wenn der erste Schnee gefallen ist.

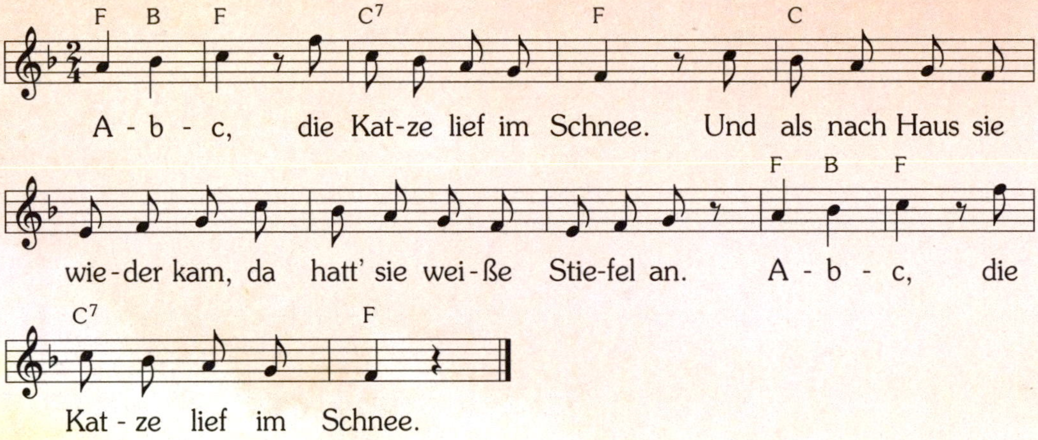

# Alle meine Entchen



Die erste Strophe dieses beliebten Kinderliedes von Ernst Anschütz aus der ersten Hälfte des 19. Jahrhunderts kennt jeder. Aber auch die anderen Strophen sind hübsch. Und vielleicht fallen dem ein oder anderen ja noch weitere Verse über Tiere ein …

2.
Alle meine Täubchen
gurren auf dem Dach,
gurren auf dem Dach,
eins fliegt in die Lüfte,
fliegen alle nach.

3.
Alle meine Hühner
scharren in dem Stroh,
scharren in dem Stroh,
finden sie ein Körnchen,
sind sie alle froh.

4.
Alle meine Gänschen
watscheln durch den Grund,
watscheln durch den Grund,
suchen in dem Tümpel,
werden kugelrund.

# Summm, summ, summ

Den Text dieses Liedes, das 1843 erstmals in einer Liedersammlung erschien, verfasste Heinrich Hoffmann von Fallersleben. Die Melodie ist eine Volksweise aus Böhmen. Am bekanntesten sind die ersten drei Strophen, die an sonnige Sommertage erinnern. Die letzten beiden lassen eher an Weihnachen denken.

2.
Such in Blumen, such in Blümchen
dir ein Tröpfchen, dir ein Krümchen!

3.
Kehre heim mit reicher Habe,
bau uns manche volle Wabe.

4.
Bei den Heilig-Christ-Geschenken
wollen wir auch dein gedenken.

5.
Wenn wir mit dem Wachsstock suchen
Pfeffernüss' und Honigkuchen.

# Maikäfer, flieg!

Viele Kinder kennen Maikäfer nur von diesem Lied und aus „Max und Moritz“ von Wilhelm Busch. Der Text wurde bereits im Dreißigjährigen Krieg gesungen und wurde von Achim von Arnim und Clemens Brentano in der Liedersammlung „Des Knaben Wunderhorn“ (1806–1808) veröffentlicht. Die heute bekannte Melodie komponierte Johann Friedrich Reichardt 1781.

# Fuchs, du hast die Gans gestohlen

Der wohlgemeinte Rat an das Füchslein gehört zu den bekanntesten und beliebtesten Kinderliedern. Der Text stammt von dem Leipziger Musiklehrer Ernst Anschütz, der ihn im Jahr 1824 zu einer alten Volksweise geschrieben hat.

2.
Seine große, lange Flinte
|: schießt auf dich den Schrot, :|
|: dass dich färbt die rote Tinte,
und dann bist du tot. :|

3.
Liebes Füchslein, lass dir raten,
|: sei doch nur kein Dieb, :|
|: nimm, du brauchst nicht Gänsebraten,
mit der Maus vorlieb. :|

# Der Kuckuck und der Esel

Carl Friedrich Zelter schrieb 1810 die Melodie, zu der Heinrich Hoffmann von Fallersleben 1835 den Text vom Sängerwettstreit zwischen dem Kuckuck und dem Esel dichtete.

2.
Der Kuckuck sprach: „Das kann ich!“
und hub gleich an zu schrein.
|: „Ich aber kann es besser!“ :|
|: fiel gleich der Esel ein. :|

3.
Das klang so schön und lieblich,
so schön von fern und nah;
|: sie sangen alle beide: :|
|: „Kuckuck! Kuckuck! I-ah!“ :|

# Kuckuck, Kuckuck, ruft's aus dem Wald

Anscheinend war der Dichter Heinrich Hoffmann von Fallersleben vom Kuckuck angetan, denn auch diese Verse gehen auf ihn zurück, während die Melodie aus Österreich stammt.

2.
Kuckuck, Kuckuck, lässt nicht sein Schrei'n:
Komm in die Felder,
Wiesen und Wälder!
Frühling, Frühling, stelle dich ein!

3.
Kuckuck, Kuckuck, trefflicher Held!
Was du gesungen,
ist dir gelungen:
Winter, Winter, räumet das Feld.

# Die Vogelhochzeit

Das Lied von der Vogelhochzeit ist bis in das 15. Jahrhundert zurückzuverfolgen und wurde 1842 von Heinrich Hoffmann von Fallersleben und Ernst Richter in der Sammlung „Schlesische Volkslieder mit Melodien“ herausgegeben.

2.
Die Drossel war der Bräutigam,
die Amsel war die Braute.

3.
Der Sperber, der Sperber,
der war der Hochzeitswerber.

4.
Der Stare, der Stare,
der flocht der Braut die Haare.

5.
Der Seidenschwanz, der Seidenschwanz,
er bracht' der Braut den Hochzeitskranz.

6.
Die Lerche, die Lerche,
die führt' die Braut zur Kerche.

7.
Der Auerhahn, der Auerhahn,
der war der Küster und Kaplan.

8.
Die Meise, die Meise,
die sang das Kyrieleise.

9.
Der Kuckuck kocht das Hochzeitsmahl,
fraß selbst die besten Brocken all.

10.
Die Eule, die Eule,
die bracht' die Hammelkeule.

11.
Der Zeisig, der Zeisig,
der futterte gar fleißig.

12.
Die Puten, die Puten,
die machten breite Schnuten.

13.
Die Gänse und die Anten,
die war'n die Musikanten.

14.
Der Wiedehopf, der Wiedehopf
bracht' nach dem Mahl den Kaffeetopf.

15.
Der Pinguin, nicht spröde,
der hielt die Hochzeitsrede.

16.
Der Rabe, der Rabe,
der bracht' die erste Gabe.

17.
Der Rotschwanz, der Rotschwanz,
macht' mit der Braut den ersten Tanz.

18.
Der Papagei, der Papagei,
der macht' darob ein groß' Geschrei.

19.
Der Seidenschwanz, der Seidenschwanz,
der sang das Lied vom Jungfernkranz.

20.
Der Marabu, der Marabu,
hielt sich dabei die Ohren zu.

21.
Rotkehlchen klein, Rotkehlchen klein,
das führt' die Braut ins Kämmerlein.

22.
Der Uhu, der Uhu,
der schlägt die Fensterläden zu.

23.
Brautmutter war die Eule,
nahm Abschied mit Geheule.

24.
Das Haselhuhn, das Haselhuhn,
das sagte: „Wünsche wohl zu ruhn!"

25.
Der Hahn, der krähet: „Gute Nacht!",
da wird die Lampe ausgemacht.

26.
Frau Kratzefuß, Frau Kratzefuß,
gibt allen einen Abschiedskuss.

27.
Nun ist die Vogelhochzeit aus,
und alle gehen vergnügt nach Haus.

# Kommt ein Vogel geflogen

Der Komponist Wenzel Müller nahm die Melodie in seine Zauberoper „Aline“ auf. Adolf Bäuerle schrieb 1822 den Text dazu.

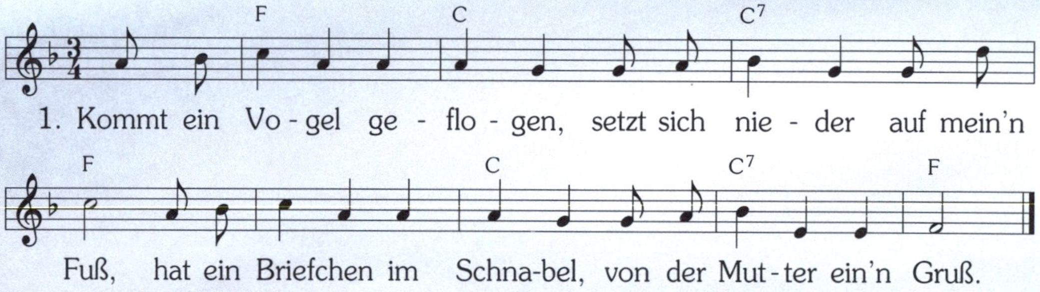


2.
Lieber Vogel, fliege weiter,
bring ein'n Gruß mit, einen Kuss,
denn ich kann dich nicht begleiten,
weil ich hier bleiben muss.

3.
Daheim ist mein Schätzchen,
in der Fremd' bin ich hier,
und es fragt hier kein Kätzchen,
kein Hündchen nach mir.

# Alle Vögel sind schon da

Die Strophen dieses Frühlingsliedes schrieb Heinrich Hoffmann von Fallerleben zu einer schlesischen Volksweise aus dem 15. Jahrhundert.

2.
Wie sie alle lustig sind,
flink und froh sich regen!
Amsel, Drossel, Fink und Star
und die ganze Vogelschar
wünschen uns ein frohes Jahr,
lauter Heil und Segen!

3.
Was sie uns verkünden nun,
nehmen wir zu Herzen:
Wir auch wollen lustig sein,
lustig wie die Vögelein,
hier und dort, feldaus, feldein
singen, springen, scherzen!

# Auf einem Baum ein Kuckuck saß

Der Lehrer Ludwig Erk aus Wetzlar veröffentlichte 1838 eine umfangreiche Sammlung von Volksliedern. Dazu gehört auch dieses Lied vom unverwüstlichen Kuckuck.

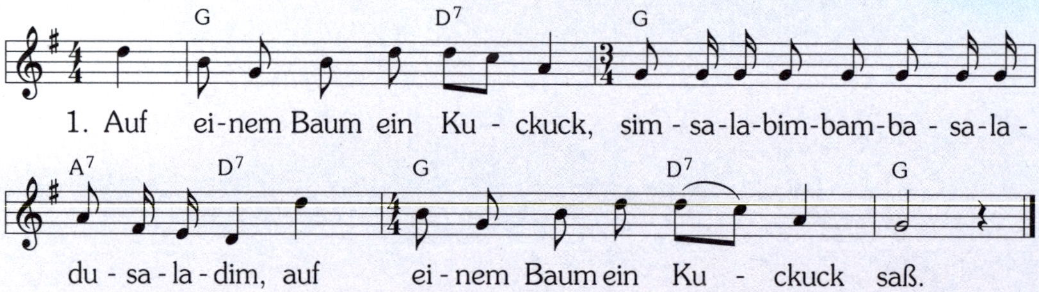


2.
Da kam ein junger Jäger,
sim-sa-la-...
da kam ein junger Jägersmann.

3.
Der schoss den armen Kuckuck,
sim-sa-la-...
der schoss den armen Kuckuck tot.

4.
Und als ein Jahr vergangen,
sim-sa-la-...
und als ein Jahr vergangen war:

5.
Da war der Kuckuck wieder,
sim-sa-la-...
da war der Kuckuck wieder da.

6.
Da freuten sich die Leute,
sim-sa-la-...
da freuten sich die Leute sehr.

# Hopp, hopp, hopp, Pferdchen lauf Galopp!

Text und Melodie des Kinderliedchens stammen aus dem Jahr 1807: Den Text schrieb Karl Hahn, die Melodie komponierte Carl Gottlieb Hering.

2.
Tipp, tipp, tapp!
Wirf mich ja nicht ab;
zähme deine wilden Triebe,
Pferdchen, tu's mir ja zuliebe,
wirf mich ja nicht ab!
Tipp, tipp, tipp, tipp, tapp!

3.
Brr, brr, he!
Steh, mein Pferdchen, steh!
Sollst noch heute weiter springen,
muss dir nur erst Futter bringen,
steh, mein Pferdchen, steh!
Brr, brr, brr, brr, he!

4.
Ja, ja, ja!
Ja, nun sind wir da!
Diener, Diener, liebe Mutter!
Findet auch mein Pferdchen Futter?
Ja, ja, ja, ja, ja,
ja, nun sind wir da!

# Lustige Lieder für fröhliche Kinder

# Bettelmanns Hochzeit

Das Lied ist durch die Sammlung „Des Knaben Wunderhorn“ (1806–1808) von Achim von Arnim und Clemens Brentano überliefert. „Wedele“ bedeutet „Schwänzchen“. Demnach sind alle Tiere eingeladen, die ein Schwänzchen haben.

# Drei Chinesen mit dem Kontrabass

Es macht immer wieder Spaß, das Lied von den drei Chinesen zu singen. In jeder Strophe werden die Vokale geändert. Erst singt man die richtigen, dann ersetzt man sie durch A, dann durch E und so weiter.

2.
Dra Chanasen mat dam Kantrabass
saßan aaf dar Straßa and arzahltan sach was.
Da kam daa Palazaa: Ja, was ast dann das?
Dra Chanasan mat dam Kantrabass.

3.
Dre Chenesen met dem Kentrebess …

4.
Dri Chinisin mit dim Kintribiss …

5.
Dro Chonoson mot dom Kontroboss …

6.
Dru Chunusun mut dum Kuntrubuss …

7.
Drä Chänäsän mät däm Känträbäss …

8.
Drö Chönösön möt döm Köntröböss …

9.
Drü Chünüsün müt düm Küntrübüss …

10.
Drei Cheineisein meit deim Keintreibeiß …

# Ein Mann, der sich Kolumbus nannt'

Das lustige Lied stammt aus dem 18. Jahrhundert. Man kann es auch wie ein Singspiel mit verteilten Rollen aufführen. Es treten auf: Ein Erzähler, Kolumbus, der König, das Volk, der Häuptling. Wenn es heißt: „widewidewitt …“, singen alle mit.

2.
Als er den Morgenkaffee trank,
da rief er fröhlich: „Gott sei Dank!"
denn schnell kam mit der ersten Tram
der span'sche König bei ihm an.

3.
„Kolumbus", sprach er, „guter Mann,
du hast schon manche Tat getan!
Eins fehlt noch unsrer Gloria:
Entdecke mir Amerika!"

4.
Gesagt, getan, ein Mann ein Wort,
am selben Tag fuhr er noch fort.
Und eines Morgens schrie er: „Land!
Wie deucht mir alles so bekannt!"

5.
Das Volk am Land stand stumm und zag,
da sagt' Kolumbus: „Guten Tag!
Ist hier vielleicht Amerika?"
Da schrien alle Wilden: „Ja!"

6.
Die Wilden waren sehr erschreckt
und schrien all: „Wir sind entdeckt!"
Der Häuptling rief ihm: „Lieber Mann,
alsdann bist du Kolumbus dann!"

# Hänsel und Gretel

Das ganze Märchen von Hänsel und Gretel ist hier in einer dreistrophigen Fassung untergebracht. Die einfache Melodie kann auch schon von kleinen Kindern gesungen werden.

2.
Hu, hu, da schaut eine alte Hexe raus!
Sie lockt die Kinder ins Pfefferkuchenhaus.
Sie stellt sich gar freundlich, o Hänsel, welche Not!
Sie will dich braten im Ofen braun wie Brot!

3.
Doch als die Hexe zum Ofen schaut hinein,
ward sie geschoben von Hans und Gretelein.
Die Hexe musste braten, die Kinder gehn nach Haus.
Nun ist das Märchen von Hans und Gretel aus.

# O du lieber Augustin



Der Überlieferung nach war Augustin ein fahrender Musikant, der im 17. Jahrhundert lebte und keine Angst hatte, auch vor Menschen zu spielen, die an der Pest erkrankt waren.

2.
Rock ist weg, Stock ist weg,
Augustin liegt im Dreck!

# Wo mag denn nur mein Christian sein

Das Lied vom Christian stammt aus Norddeutschland. Doch auch im Süden, Osten und Westen haben die meisten Leute einen ganz bestimmten „Christian“ vor Augen, wenn sie das Lied singen.

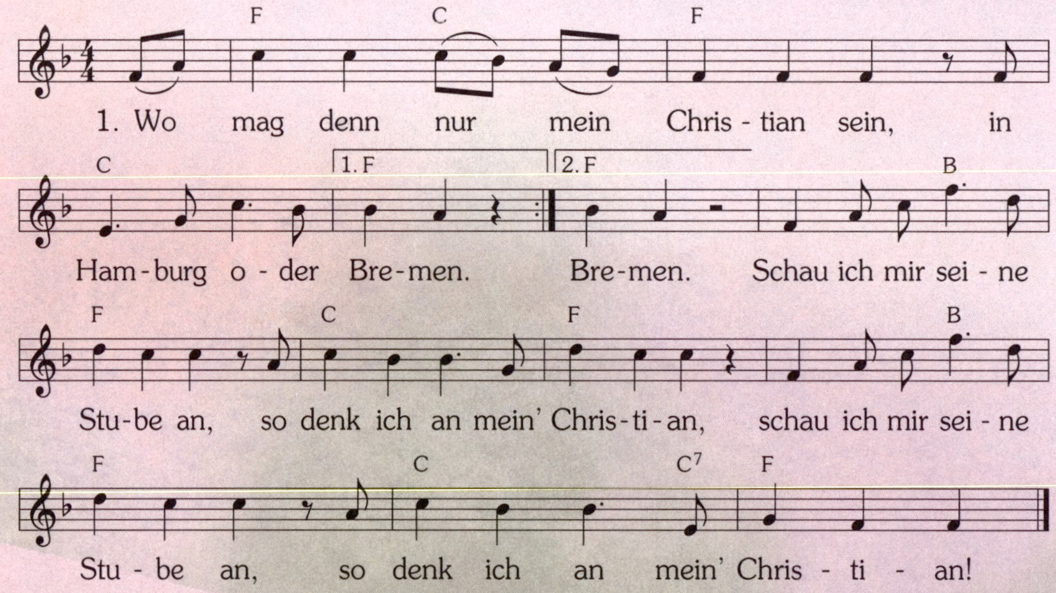

2.
Dort auf der Diele, da hängt ein Holz,
damit hat er gedroschen.
|: Seh ich diesen Flegel an,
so denk ich an mein' Christian. :|

3.
Dort auf dem Hofe, da steht ein Klotz,
drauf hat er Holz geschlagen.
|: Seh ich diesen Holzklotz an,
so denk ich an mein' Christian. :|

4.
Dort in dem Stalle, da steht 'ne Kuh,
die hat er oft gemolken.
|: Seh ich dieses Rindvieh an,
so denk ich an mein' Christian. :|

5.
Der Esel, der den Milchwagen zog,
der ist schon längst gestorben.
|: Hör ich einen Esel schrein,
so fällt mir gleich mein Christian ein. :|

# Hab mein Wage' vollgelade'

Dieser Spottgesang geht auf ein niederländisches Volkslied zurück. Durch die Wandervogelbewegung hat es sich seit Anfang des 20. Jahrhunderts in ganz Deutschland verbreitet.

2.
Hab mein Wage' vollgelade',
voll mit Männern, alten.
Als wir in die Stadt 'neinkamen,
murrten sie und schalten.
Drum lad ich all meine Lebetage
nie alte Männer auf mein Wage'.
Zieh, Schimmel, zieh!

3.
Hab mein Wage' vollgelade',
voll mit jungen Mädchen.
Als wir zu dem Tor 'neinkamen,
sangen sie durchs Städtchen.
Drum lad ich all mein Lebetage
nur junge Mädchen auf mein Wage'.
Zieh, Schimmel, zieh!

# Ein Schneider fing 'ne Maus

Das Lied vom Schneider und der Maus kann man auch in zwei Gruppen singen: Die erste Strophe singen alle gemeinsam, die Fragen und Antworten werden dann abwechselnd gesungen.

2. Was macht er mit der Maus?
3. Er zieht ihr ab das Fell.
4. Was macht er mit dem Fell?
5. Er näht sich einen Sack.
6. Was macht er mit dem Sack?
7. Er tut hinein sein Geld.
8. Was macht er mit dem Geld?
9. Er kauft sich einen Bock.
10. Was macht er mit dem Bock?
11. Er reitet durch die Welt.
12. Was macht er in der Welt?
13. Er wird ein großer Held.

# Lieder vom Frühling, Sommer, Herbst und Winter

# Es war eine Mutter

Das Lied von der Mutter, die mit dem Jahr gleichgesetzt ist, und ihren Kindern, den Jahreszeiten, stammt aus Baden und aus der Pfalz.

# Winter, ade!

Zu einer alten fränkischen Volksweise, die Friedrich Silcher 1827 aufgezeichnet hat, dichtete Heinrich Hoffmann von Fallersleben 1835 die Verse dieses Liedes.

2.
Winter ade!
Scheiden tut weh.
Gerne vergess ich dein,
kannst immer ferne sein.
Winter ade!
Scheiden tut weh.

3.
Winter ade!
Scheiden tut weh.
Gehst du nicht bald nach Haus,
lacht dich der Kuckuck aus.
Winter ade!
Scheiden tut weh.

# Alles neu macht der Mai

Zumindest im Volkslied ist der Mai der bei weitem beliebteste Monat – kein Wunder, sind jetzt doch die kalten Tage endgültig vorüber. W. von Kamp dichtete den Text 1818 zu einer alten Volksweise.

2.
Wir durchziehn Staaten grün,
Haine, die ergötzend blühn,
Waldespracht, neu gemacht
nach des Winters Nacht.
Dort im Schatten an dem Quell,
rieselnd, munter, silberhell,
klein und groß ruht im Moos,
wie im weichen Schoß.

3.
Hier und dort, fort und fort,
wo wir ziehen, Ort für Ort,
alles freut sich der Zeit,
die verschönt erneut.
Widerschein der Schöpfung blüht
uns erneuernd im Gemüt.
Alles neu, frisch und frei
macht der holde Mai.

# Komm lieber Mai, und mache

Der Text dieses Liedes geht auf den Lübecker Dichter Christian Adolf Overbeck zurück, der ihn im Jahr 1775 schrieb. Mozart vertonte das Gedicht 1791 und die als Volkslied verbreitete heutige Fassung erarbeitete Ludwig Erk 1824.

2.
Zwar Wintertage haben
wohl auch der Freuden viel.
Man kann im Schnee eins traben
und treibt manch Abendspiel,
baut Häuserchen von Karten,
spielt Blindekuh und Pfand,
auch gibt's wohl Schlittenfahrten
aufs liebe, freie Land.

3.
Doch wenn die Vöglein singen
und wir dann froh und flink
auf grünem Rasen springen,
das ist ein ander Ding!
Drum komm und bring vor allen
uns viele Veilchen mit,
bring auch viel Nachtigallen
und schöne Kuckucks mit!

# Tra, ri, ra, der Sommer, der ist da!

Seit dem 17. Jahrhundert feierten die Kinder, vor allem in der Pfalz, am Sonntag Lätare (in der Mitte der Fastenzeit) ein Fest, bei dem sie mit diesem Lied, das in vielen Variationen verbreitet ist, den Sommer einsangen.

2.
Wir wollen in die Hecken
und woll'n den Sommer wecken.

3.
Der Sommer hat gewonnen,
der Schnee, der ist zerronnen.

4.
Der Winter liegt gefangen,
den schlagen wir mit Stangen.

# Kommt, ihr G'spielen

Zu Ehren des Herzogs Johann Casimir wurde am 16. Juni 1630 in Coburg ein Singspiel von Melchior Franck (ca. 1580–1639) aufgeführt, aus dem dieses Sommerlied stammt.

2.
Hört, ihr G'sellen,
die Hündlein bellen,
was wollen wir beginnen?
Lasset uns kriegen,
lasset uns siegen,
Sommerlust gewinnen.

3.
Auf, ihr Brüder,
singt hoch und nieder,
den Sommer zu gewinnen.
Ist es nicht Schande,
weit in dem Lande,
wenn wir uns besinnen!

# Bunt sind schon die Wälder

Im Jahr 1782 schrieb Johann Gaudens von Salis-Seewis sein bekanntestes Gedicht, dem er den Titel „Herbstlied“ gab. 1799 wurde es von Johann Friedrich Reichardt vertont.

2.
Wie die volle Traube
aus der Rebenlaube
purpurfarbig strahlt!
Am Geländer reifen
Pfirsiche, mit Streifen
rot und weiß bemalt.

3.
Flinke Träger springen,
und die Mädchen singen,
alles jubelt froh!
Bunte Bänder schweben
zwischen hohen Reben
auf dem Hut von Stroh.

4.
Geige tönt und Flöte
bei der Abendröte
und im Mondesglanz;
junge Winzerinnen
winken und beginnen
frohen Erntetanz.

# Ich geh mit meiner Laterne

Wenn es wieder früher dunkel wird, kommt die Laternenzeit. Eines der beliebtesten Laternenlieder stammt aus Hamburg und wird heute überall in Deutschland gesungen.

# A, a, a, der Winter, der ist da!

Dieses fröhliche Lied, dessen Text von Heinrich Hoffmann von Fallersleben stammt, beschreibt die Freuden des Winters: Es hat geschneit und überdies dauert es nicht mehr lange, bis es Weihnachten ist.

2.
E, e, e, er bringt uns Eis und Schnee,
malt uns gar zum Zeitvertreiben
Blumen an die Fensterscheiben.
E, e, e, er bringt uns Eis und Schnee.

3.
I, i, i, vergiss die Armen nie!
Wenn du liegst in warmen Kissen,
denk an die, die frieren müssen.
I, i, i, vergiss die Armen nie.

4.
O, o, o, wie sind wir Kinder froh!
Sehen jede Nacht im Traume
uns schon unterm Weihnachtsbaume.
O, o, o, wie sind wir Kinder froh!

5.
U, u, u, jetzt weiß ich, was ich tu!
Hol den Schlitten aus dem Keller,
und dann fahr ich immer schneller.
U, u, u, jetzt weiß ich, was ich tu!

# Schneeflöckchen, Weißröckchen

Der Liedtext geht vermutlich auf die Kindergärtnerin und Lehrerin Hedwig Haberkern zurück, die 1869 eine erste Fassung veröffentlichte. Als Weißröckchen wurden in Schlesien die Schneeflocken bezeichnet.

2.
Komm, setz dich ans Fenster,
du lieblicher Stern,
malst Blumen und Blätter,
wir haben dich gern.

3.
Schneeflöckchen, du deckst uns
die Blümelein zu,
dann schlafen sie sicher
in himmlischer Ruh.

# Lieder vom Wandern, Jagen und der Seefahrt

# Das Wandern ist des Müllers Lust

Der Müller, der das Wandern vom Wasser gelernt hat, ist einer der beliebtesten Wanderburschen überhaupt. Die Verse schrieb Wilhelm Müller aus Dessau, ein Literaturkritiker und Gymnasiallehrer, im Jahr 1818.

2.
|: Vom Wasser haben wir's gelernt, :|
vom Wasser.
Das hat nicht Ruh bei Tag und Nacht,
|: ist stets auf Wanderschaft bedacht, :|
das Wasser.

3.
|: Das sehn wir auch den Rädern ab, :|
den Rädern,
|: und sich mein Tag nicht müde drehn, :|
die Räder.

4.
|: Die Steine selbst, so schwer sie sind, :|
die Steine,
sie tanzen mit den muntern Reih'n
|: und wollen gar noch schneller sein :|
die Steine.

5.
|: O Wandern, Wandern, meine Lust, :|
o Wandern!
Herr Meister und Frau Meisterin,
|: lasst mich in Frieden weiterziehn :|
und wandern!

# Es klappert die Mühle

Auch wenn dieses Lied nicht vom Wandern, sondern von fleißiger Arbeit erzählt, ist es doch dank der fröhlichen Melodie ein beliebtes Wanderlied. Die Strophen verfasste Ernst Anschütz im Jahr 1824.

2.
Flink laufen die Räder und drehen den Stein:
klipp, klapp!
Und mahlen den Weizen zu Mehl uns so fein:
klipp, klapp!
Der Bäcker dann Zwieback und Kuchen draus bäckt
der immer uns Kindern besonders gut schmeckt.
Klipp, klapp! Klipp, klapp! Klipp, klapp!

3.
Wenn reichliche Körner das Ackerfeld trägt,
klipp, klapp!
Die Mühle dann flink ihre Räder bewegt:
klipp, klapp!
Und schenkt uns der Himmel nur immerdar Brot,
so sind wir geborgen und leiden nicht Not.
Klipp, klapp! Klipp, klapp! Klipp, klapp!

# Ein Jäger aus Kurpfalz

Die Strophen dieses Liedes lassen sich in das 18. Jahrhundert zurückverfolgen. Zwei reale Personen kommen als Vorbilder für den besungenen Jäger in Frage: Der Erbförster Friedrich Wilhelm Utsch und der Kurgraf Johann Kasimir von der Pfalz-Simmern.

2.
Auf, sattelt mir mein Pferd
und legt darauf den Mantelsack,
so reit ich hin und her
als Jäger aus Kurpfalz.
Juja, juja …

3.
Jetzt reit ich nicht mehr heim,
bis dass der Kuckuck kuckuck schreit;
er schreit die ganze Nacht
allhier auf grüner Heid'.
Juja, juja …

# Wir lieben die Stürme

Aus der Jugendbewegung (um 1900) stammt das Lied von den furchtlosen Piraten, das die Fantasie anregt, so dass ein kleiner Teich zum stürmischen Meer wird, auf dem die Kinder Seeräuber spielen.

2.
Unser Schiff gleitet stolz
durch die schäumenden Wogen,
jetzt strafft der Wind
unsre Segel mit Macht.
Seht ihr hoch droben
die Fahne sich wenden,
die blutrote Fahne,
ihr Seeleut', habt acht!
Heijo …

3.
Wir treiben die Beute
mit fliegenden Segeln,
wir jagen sie weit
auf das endlose Meer.
Wir stürzen auf Deck,
und wir kämpfen wie Löwen,
hei, unser der Sieg,
viele Feinde, viel Ehr'!
Heijo …

4.
Ja, wir sind Piraten
und fahren zu Meere,
wir fürchten nicht Tod
und den Teufel dazu,
wir lachen der Feinde
und aller Gefahren,
am Grunde des Meeres
erst finden wir Ruh.
Heijo …

# Eine Seefahrt, die ist lustig

So fröhlich wie in diesem Lied, das in der ersten Hälfte des 20. Jahrhunderts aufgezeichnet wurde, ging es früher bei den Seeleuten nicht zu.

2.
Unser Käptn ist stets nüchtern,
und er mag auch keinen Rum,
bei den Frauen ist er schüchtern,
na, das ist doch wirklich dumm.
Hollahi …

3.
Und die Möwen, froh und heiter,
kleckern öfter was aufs Deck,
doch der Moses nimmt den Schrubber
und fegt alles wieder weg.
Hollahi …

4.
Kommt das Schiff mal in den Hafen,
geht die Mannschaft schnell an Land,
keiner will an Bord mehr schlafen,
na, das ist doch wohlbekannt.
Hollahi …

# Die schönsten Kanons für alle Gelegenheiten

# Wachet auf, wachet auf

Ein schöner Morgen ist es, wenn man mit einem fröhlichen Kanon geweckt wird, in den man selbst mit einstimmen kann.

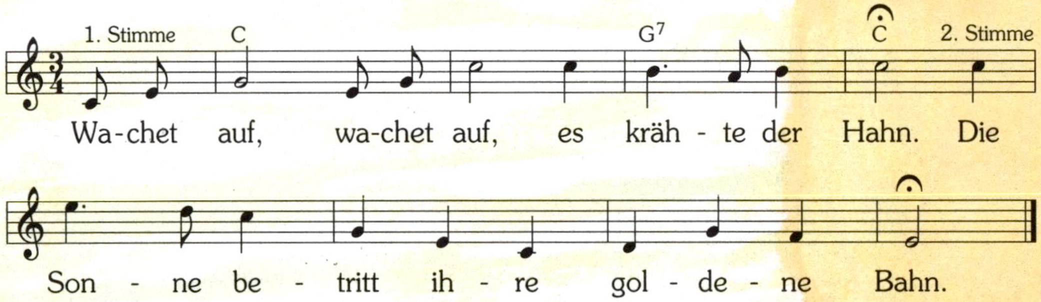

# Bruder Jakob

Dies ist die deutsche Fassung des französischen Kanons „Frère Jacques“, der in viele Sprachen übersetzt wurde und zum Aufwecken notorischer Langschläfer geeignet ist.

# Regenkanon

Die Melodie des vierstimmigen Kanons aus dem 18. Jahrhundert geht auf Carl Friedrich Zelter zurück.

# Heut ist ein Fest

Ein Kanon, der allen kleinen Fröschen viel Spaß macht, besonders wenn sie laut und ausdauernd dazu quaken können!

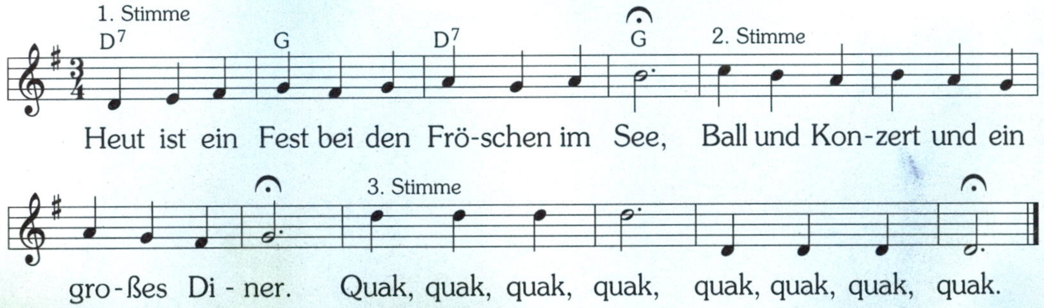

# Geburtstagskanon

Ein gesungener Glückwunsch zum Geburtstag freut jedes Kind. Wer möchte, kann den Namen des Kindes einsetzen, zum Beispiel „unserm lieben Paul“ oder „unserer lieben Lena“.

# Auf, ihr Kinder

Es kann keine schönere Aufforderung zum Singen geben als einen Kanon, der den Gesang der Kinder selbst zum Thema hat.

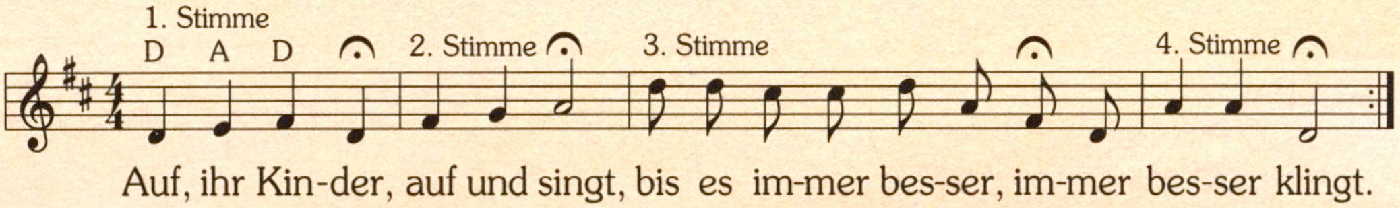

# Danket dem Herrn

Diesem vierstimmigen Kanon mit einer Melodie aus dem 18. Jahrhundert liegen die Psalme 106 und 136 zugrunde.

# Froh zu sein bedarf es wenig

Der Dirigent, Organist und Komponist Heinrich Leberecht August Mühling verfasste im 19. Jahrhundert die Melodie und den Text dieses Kanons für vier Stimmen.

# He, ho, spannt den Wagen an

Ein alter englischer Kanon ist die Vorlage für die deutschsprachige Fassung dieses Ernteliedes aus dem 19. Jahrhundert.

# Ein sehr harter Winter

Dieser Winterkanon muss aus alter Zeit stammen, als es bei uns noch viele Wölfe gegeben hat.

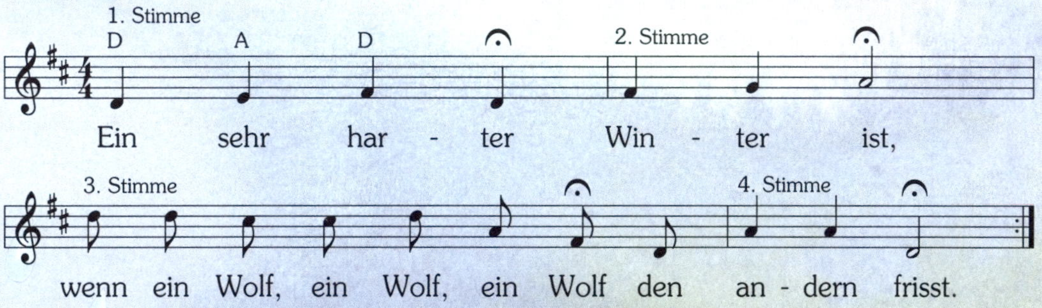

# Lieder zum Abend und Schlafengehen

# Feierabend

Dieses einfache Abendlied, dessen Melodie aus Kärnten stammt, ist auch für die kleinsten Sänger und Sängerinnen geeignet.

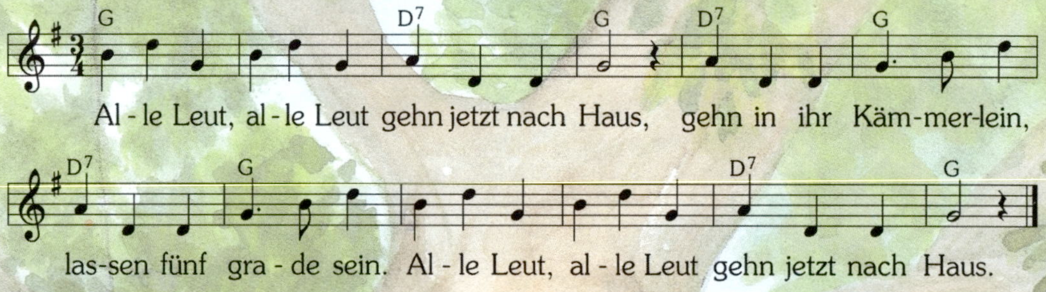

# Kein schöner Land

Eines der beliebtesten deutschen Volkslieder ist dieses Abendlied, das Anton Wilhelm Florentin von Zuccalmaglio im Jahr 1838 geschrieben hat.

2.
Da haben wir so manche Stund'
gesessen da in froher Rund'
|: und taten singen,
die Lieder klingen im Eichengrund. :|

3.
Dass wir uns hier in diesem Tal
noch treffen so viel hundertmal,
|: Gott mag es schenken,
Gott mag es lenken, er hat die Gnad'! :|

4.
Jetzt, Brüder, eine gute Nacht!
Der Herr im hohen Himmel wacht,
|: in seiner Güten
uns zu behüten ist er bedacht. :|

# Nun wollen wir singen das Abendlied

Aus dem Odenwald stammt dieses einfache Abendlied, das auch als Nachtgebet gesungen werden kann.

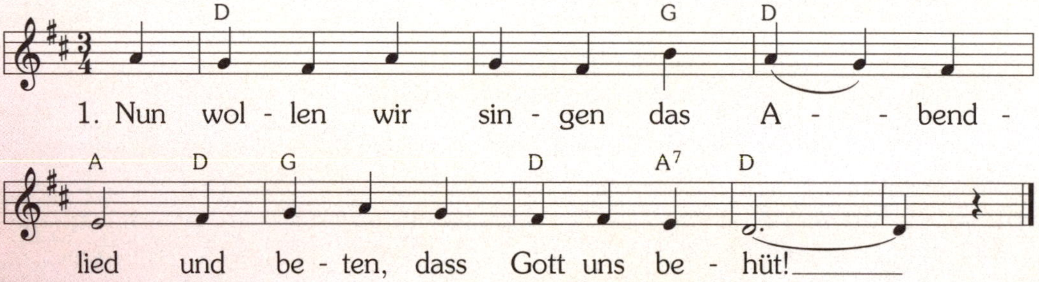


2.
Es weinen viel Augen wohl jegliche Nacht,
bis morgen die Sonne erwacht.

3.
Es wandern viel Sternlein am Himmelsrund,
wer sagt ihnen Fahrweg und Stund?

4.
Dass Gott uns behüt, bis die Nacht entflieht.
Kommt singet das Abendlied.

# Guten Abend, gut' Nacht

Johannes Brahms hat die bezaubernde Melodie zu diesem Abendlied komponiert, dessen erste Strophe aus „Des Knaben Wunderhorn" (1806–1808), die zweite von Georg Scherer aus dem Jahr 1849 stammt.

2.
Guten Abend, gut' Nacht,
von Englein bewacht,
die zeigen im Traum
dir Christkindleins Baum:
Schlaf nur selig und süß,
schau im Traum 's Paradies;
schlaf nur selig und süß,
schau im Traum 's Paradies.

# Kindlein mein, schlaf doch ein

Das sanfte Wiegenlied, mit dem Eltern ihre kleinen Kinder in den Schlaf singen können, ist eine alte Weise aus Mähren.

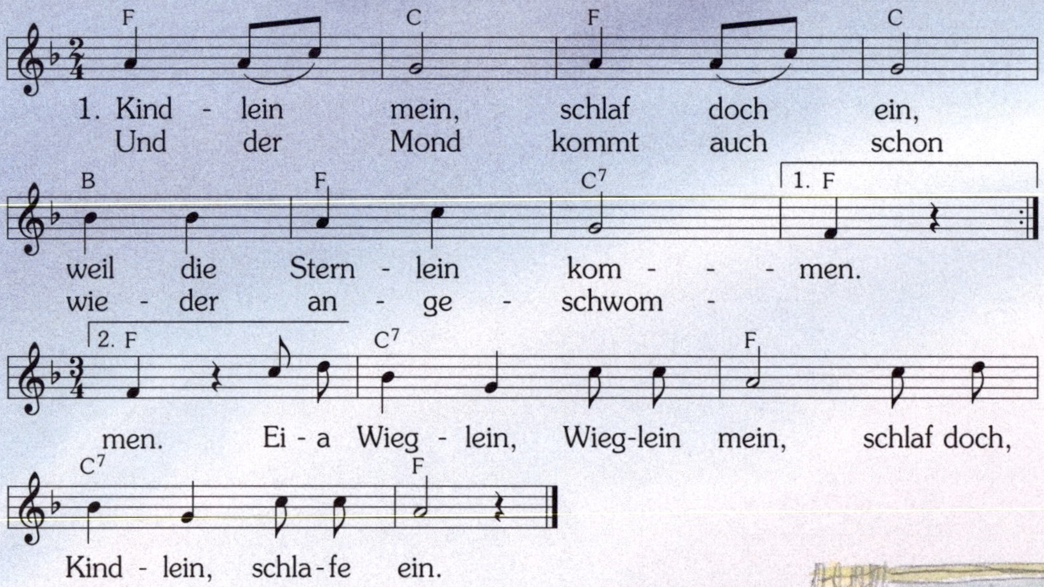


2.
Kindlein mein, schlaf doch ein,
denn die Nacht kommt nieder.
Und der Wind summt dem Kind
seine Wiegenlieder.
Eia Wieglein ...

# Schlaf, Kindlein, schlaf!

Dies ist eines der bekanntesten Schlaf- und Wiegenlieder. Überliefert wurde es durch die Sammlung „Des Knaben Wunderhorn“ (1806–1808).

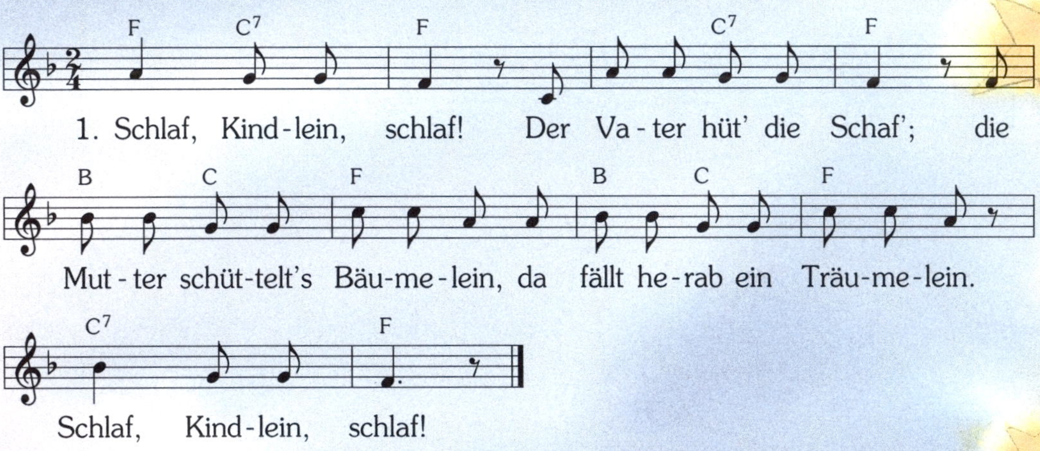


2.
Schlaf, Kindlein, schlaf!
Am Himmel ziehn die Schaf':
Die Sternlein sind die Lämmerlein,
der Mond, der ist das Schäferlein.
Schlaf, Kindlein, schlaf!

3.
Schlaf, Kindlein, schlaf!
So schenk' ich dir ein Schaf
mit einer goldnen Schelle fein,
das soll dein Spielgeselle sein.
Schlaf, Kindlein, schlaf!

4.
Schlaf, Kindlein, schlaf!
Und blök nicht wie ein Schaf!
Sonst kommt des Schäfers Hündelein
und beißt mein böses Kindelein.
Schlaf, Kindlein, schlaf!

5.
Schlaf, Kindlein, schlaf!
Geh fort und hüt die Schaf',
geh fort, du schwarzes Hündelein
und weck mir nicht mein Kindelein!
Schlaf, Kindlein, schlaf!

# Müde bin ich, geh zur Ruh

Die Dichterin Luise Hensel schrieb im Jahr 1818 die schlichten Verse zu einer volkstümlichen Melodie.

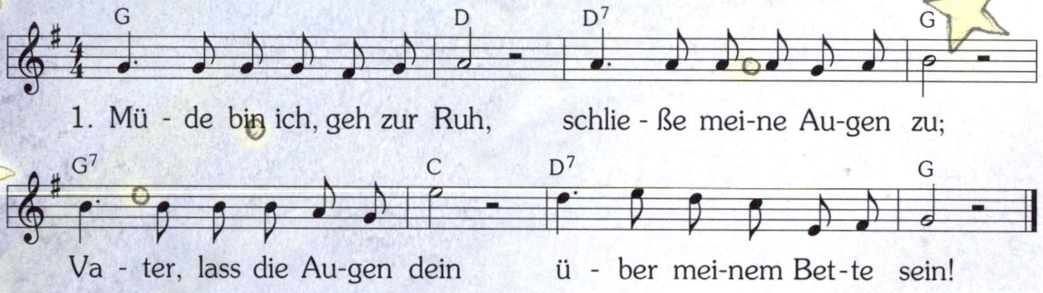


2.
Hab ich Unrecht heut getan,
sieh es, lieber Gott nicht an!
Deine Gnad' und Jesu Blut
macht ja allen Schaden gut.

3.
Alle, die mir sind verwandt,
Gott, lass ruhn in deiner Hand!
Alle Menschen, groß und klein,
sollen dir befohlen sein.

4.
Kranken Herzen sende Ruh,
nasse Augen schließe zu;
lass den Mond am Himmel stehn
und die stille Welt besehn.

# Weißt du, wie viel Sternlein stehen?

Im Jahr 1837 verfasste der aus Gotha stammende Dichter Wilhelm Hey die Strophen dieses beliebten Schlafliedes.

2.
Weißt du, wie viel Mücklein spielen
in der heißen Sonnenglut,
wie viel Fischlein auch sich kühlen
in der hellen Wasserflut?
Gott, der Herr, rief sie mit Namen,
dass sie all' ins Leben kamen,
|: dass sie nun so fröhlich sind. :|

3.
Weißt du, wie viel Kindlein frühe
stehn aus ihrem Bettlein auf,
dass sie ohne Sorg' und Mühe
fröhlich sind im Tageslauf?
Gott im Himmel hat an allen
seine Lust, sein Wohlgefallen,
|: kennt auch dich und hat dich lieb. :|

# Der Mond ist aufgegangen

Der Dichter Matthias Claudius verfasste in der zweiten Hälfte des 18. Jahrhunderts dieses Gedicht, das von Johann Abraham Peter Schulz vertont wurde.

2.
Wie ist die Welt so stille
und in der Dämm'rung Hülle
so traulich und so hold!
Als eine stille Kammer,
wo ihr des Tages Jammer
verschlafen und vergessen sollt.

3.
Seht ihr den Mond dort stehen?
Er ist nur halb zu sehen
und ist doch rund und schön!
So sind wohl manche Sachen,
die wir getrost belachen,
weil unsre Augen sie nicht sehn.

4.
Wir stolzen Menschenkinder
sind eitel arme Sünder
und wissen gar nicht viel;
wir spinnen Luftgespinste
und suchen viele Künste
und kommen weiter von dem Ziel.

5.
Gott, lass dein Heil uns schauen,
auf nichts Vergänglich's trauen,
nicht Eitelkeit uns freun;
lass uns einfältig werden
und vor dir hier auf Erden
wie Kinder fromm und fröhlich sein.

# Hört, ihr Herrn, und lasst euch sagen

Dieses Lied aus dem 18. Jahrhundert erinnert an eine Zeit, als es außer den Kirchturmuhren kaum weitere Uhren gab. Der Nachtwächter hatte damals die Aufgabe, die Stunden auszurufen.

2.
Hört, ihr Herrn, und lasst euch sagen,
unsre Glock' hat elf geschlagen:
Elf der Jünger bleiben treu;
gib, dass wir im Tod ohn' Reu'!

3.
Hört, ihr Herrn, und lasst euch sagen,
unsre Glock' hat zwölf geschlagen:
Zwölf, das ist das Ziel der Zeit;
Mensch, bedenk die Ewigkeit!

4.
Hört, ihr Herrn, und lasst euch sagen,
unsre Glock' hat eins geschlagen:
Eins ist nur der ew'ge Gott,
der uns trägt aus aller Not!

5.
Hört, ihr Herrn, und lasst euch sagen,
unsre Glock' hat zwei geschlagen:
Zwei Weg' hat der Mensch vor sich;
Herr, den rechten führe mich!

6.
Hört, ihr Herrn, und lasst euch sagen,
unsre Glock' hat drei geschlagen:
Drei ist ein, was göttlich heißt:
Vater, Sohn und heil'ger Geist!

7.
Hört, ihr Herrn, und lasst euch sagen,
unsre Glock' hat vier geschlagen:
Vierfach ist das Ackerfeld;
Mensch, wie ist dein Herz bestellt?

# Lieder zum Advent, Nikolaustag und Weihnachtsfest

# Macht hoch die Tür

Dies ist eines der bekanntesten und zugleich sehr alten Lieder zum Advent: Der Theologe Georg Weißel schrieb die Strophen im frühen 17. Jahrhundert und mit der heute bekannten Vertonung erschien es erstmals 1704 in einem Gesangbuch von Johann Anastasius Freylinghausen.

2.
Es ist gerecht, ein Helfer wert.
Sanftmütigkeit ist sein Gefährt,
sein Königskron' ist Heiligkeit,
sein Zepter ist Barmherzigkeit;
all unsre Not zum End' er bringt;
derhalben jauchzt, mit Freuden singt.
Gelobet sei mein Gott,
mein Heiland groß von Tat.

3.
O wohl dem Land, o wohl der Stadt,
so diesen König bei sich hat.
Wohl allen Herzen insgemein,
da dieser König ziehet ein.
Er ist die rechte Freudensonn',
bringt mit sich lauter Freud' und Wonn'.
Gelobet sei mein Gott,
mein Tröster früh und spat.

4.
Macht hoch die Tür, die Tor' macht weit,
eu'r Herz zum Tempel zubereit'.
Die Zweiglein der Gottseligkeit
steckt auf mit Andacht, Lust und Freud;
so kommt der König auch zu euch,
ja Heil und Leben mit zugleich.
Gelobet sei mein Gott,
voll Rat, voll Tat, voll Gnad'.

5.
Komm, o mein Heiland Jesu Christ,
mein's Herzens Tür dir offen ist.
Ach zieh mit deiner Gnade ein,
dein Freundlichkeit auch uns erschein'.
Dein Heil'ger Geist uns führ' und leit'
den Weg zur ew'gen Seligkeit.
Dem Namen dein, o Herr,
sei ewig Preis und Ehr'.

# Lasst uns froh und munter sein

Text und Melodie dieses heiteren Nikolausliedes, dem man die Vorfreude auf einen gut gefüllten Stiefel anhört, wurden im 19. Jahrhundert verfasst.

2.
Dann stell ich den Teller auf,
Niklaus legt gewiss was drauf.

3.
Wenn ich schlaf, dann träume ich,
jetzt bringt Niklaus was für mich.

4.
Wenn ich aufgestanden bin,
lauf ich schnell zum Teller hin.

5.
Niklaus ist ein guter Mann,
dem man nicht genug danken kann.

# Morgen, Kinder, wird's was geben

Die Strophen dieses Liedes wurden erstmals Ende des 18. Jahrhunderts gedruckt. Die Melodie stammt von Carl Gottlieb Hering (1809).

2.
Wie wird dann die Stube glänzen
von der großen Lichterzahl!
Schöner als bei frohen Tänzen
ein geputzter Kronensaal.
Wisst ihr noch, im vor'gen Jahr,
wie's am Weihnachtsabend war?

3.
Wisst ihr noch die Spiele, Bücher
und das schöne Schaukelpferd,
feine Kleider, wollne Tücher,
Puppenstube, Puppenherd?
Morgen strahlt der Kerzen Schein,
morgen werden wir uns freun!

4.
Welch ein schöner Tag ist morgen,
viele Freuden hoffen wir!
Unsre lieben Eltern sorgen
lange, lange schon dafür.
O gewiss, wer sie nicht ehrt,
ist der ganzen Pracht nicht wert!

# Leise rieselt der Schnee

Unter dem Titel „Weihnachtsgruß“ verfasste Eduard Ebel im Jahre 1895 diese Verse, die eine romantische Weihnachtsstimmung hervorrufen.

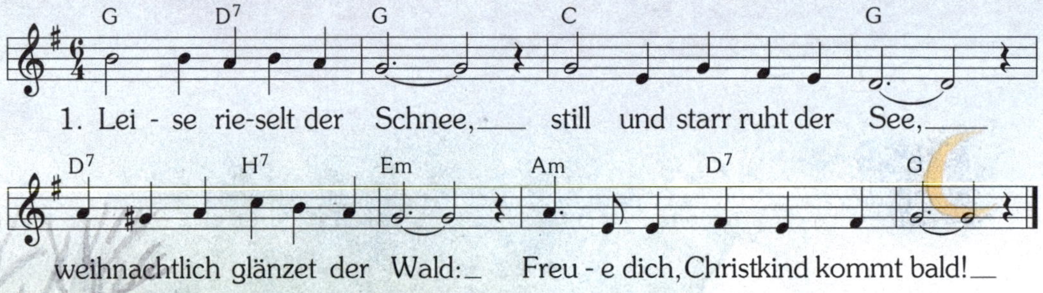


2.
In den Herzen wird's warm,
still schweigt Kummer und Harm.
Sorge des Lebens verhallt:
Freue dich, Christkind kommt bald!

3.
Bald ist Heilige Nacht,
Chor der Engel erwacht,
hört nur, wie lieblich es schallt:
Freue dich, Christkind kommt bald!

# Kling, Glöckchen, klingelingeling

Dieses Lied, das Karl Enslin um 1850 schrieb und das Benedikt Widmann vertonte, läutet in vielen Familien die Weihnachtsbescherung ein.

2.
Mädchen hört und Bübchen,
macht mir auf das Stübchen,
bring euch viele Gaben,
sollt euch dran erlaben.

3.
Hell erglühn die Kerzen,
öffnet eure Herzen,
will drin wohnen fröhlich,
frommes Kind, wie selig!

# Ihr Kinderlein, kommet

Die Strophen dieses beliebten Weihnachtsliedes dichtete Christoph von Schmid Anfang des 19. Jahrhunderts; die Melodie komponierte Johann Abraham Peter Schulz 1794, allerdings zu einem anderen Gedicht.

2.
Da liegt es, ihr Kinder, auf Heu und auf Stroh:
Maria und Joseph betrachten es froh;
die redlichen Hirten knien betend davor,
hoch oben schwebt jubelnd der Engelein Chor.

3.
O seht in der Krippe, im nächtlichen Stall,
seht hier, bei des Lichtleins hell glänzendem Strahl,
in reinlichen Windeln das himmlische Kind –
viel schöner und holder, als Engel es sind.

4.
O beugt wie die Hirten anbetend die Knie;
erhebet die Hände und danket wie sie!
Stimmt freudig, ihr Kinder, wer soll sich nicht freun?
Stimmt freudig zum Jubel der Engel mit ein.

5.
Was geben wir Kinder, was schenken wir dir,
du bestes und liebstes der Kinder dafür?
Nichts willst du von Schätzen und Freuden der Welt,
ein Herz nur voll Unschuld allein dir gefällt.

6.
So nimm unsre Herzen zum Opfer denn hin,
wir geben sie gerne mit fröhlichem Sinn,
und mache sie heilig und selig wie deins,
und mach sie auf ewig mit deinem vereint!

# Alle Jahre wieder

Wilhelm Hey verfasste 1837 die Verse dieses bekannten Weihnachtsliedes. Die Melodie stammt aus einem Liederzyklus von Friedrich Silcher und wurde erstmals 1842 veröffentlicht.

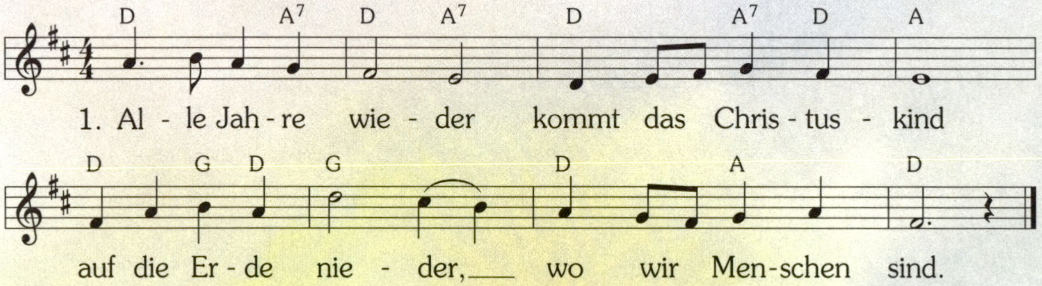


2.
Kehrt mit seinem Segen
ein in jedes Haus,
geht auf allen Wegen
mit uns ein und aus.

3.
Ist auch mir zur Seite
still und unerkannt,
dass es treu mich leite
an der lieben Hand.

# O Tannenbaum

Der Text und die Melodie dieses Liedes gehen ins 16. Jahrhundert zurück. In ihrer heutigen Form wurden die Verse erstmals 1824 von Ernst Anschütz veröffentlicht, der die zweite und dritte Strophe neu verfasste, während er die erste Strophe aus einer vorherigen Fassung von Joachim August Zarnack übernahm.

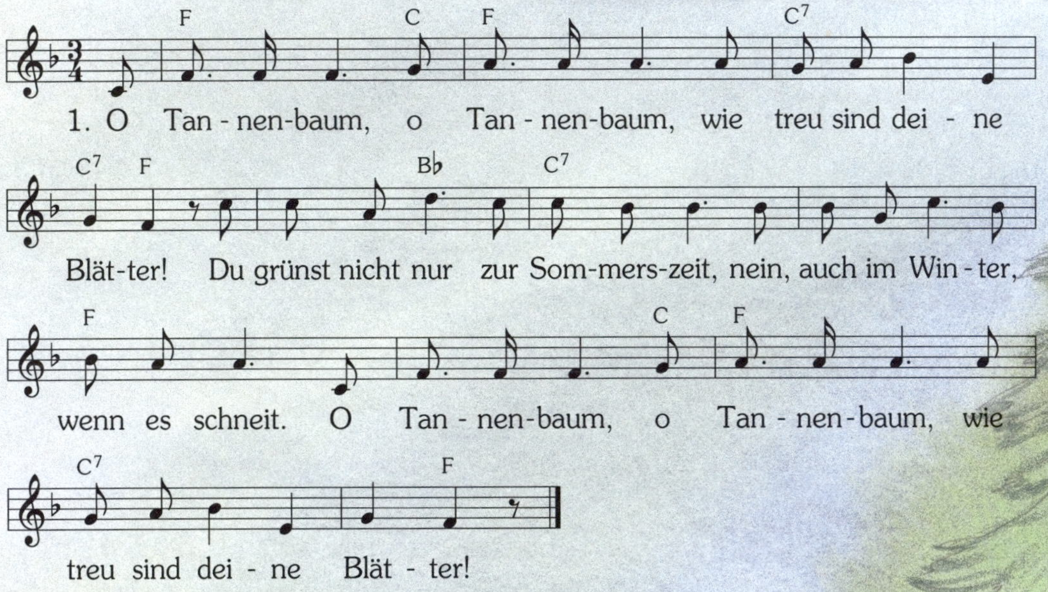


2.
O Tannenbaum, o Tannenbaum,
du kannst mir sehr gefallen!
Wie oft hat nicht zur Weihnachtszeit
ein Baum von dir mich hocherfreut!
O Tannenbaum, o Tannenbaum,
du kannst mir sehr gefallen!

3.
O Tannenbaum, o Tannenbaum,
dein Kleid will mich was lehren:
Die Hoffnung und Beständigkeit
gibt Mut und Kraft zu jeder Zeit!
O Tannenbaum, o Tannenbaum,
dein Kleid will mich was lehren.

# Vom Himmel hoch, da komm ich her

Sowohl der Text als auch die Melodie dieses bekannten Weihnachtsliedes stammen vom Reformator Martin Luther, der es für seine Kinder zum Weihnachtsfest 1535 verfasst haben soll.

2.
Euch ist ein Kindlein heut geborn,
von einer Jungfrau auserkorn,
ein Kindlein, so zart und fein,
das soll eur' Freud' und Wonne sein.

3.
Es ist der Herr Christ, unser Gott,
der will euch führn aus aller Not.
Er will euer Heiland selber sein,
von allen Sünden machen rein.

4.
Er bringt euch alle Seligkeit,
die Gott, der Vater, hat bereit,
dass ihr mit uns im Himmelreich
sollt leben nun und ewiglich.

5.
Des lasst uns alle fröhlich sein
und mit den Hirten gehn hinein,
zu sehn, was Gott uns hat beschert,
mit seinem lieben Sohn verehrt.

6.
Lob, Ehr' sei Gott im höchsten Thron,
der uns schenkt seinen ein'gen Sohn!
Des freuet sich der Engel Schar
und singet uns solch neues Jahr.

# O du fröhliche

Die Melodie dieses wohl bekanntesten Weihnachtsliedes geht auf ein italienisches Marienlied zurück. Die erste Strophe stammt von Johannes Daniel Falk (1816), die beiden anderen steuerte dessen Kollege Heinrich Holzschuher 1829 bei.

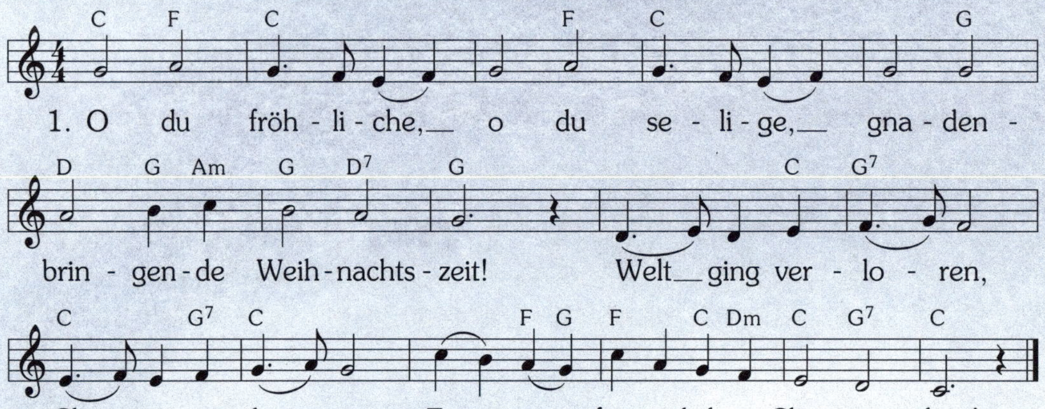


2.
O du fröhliche, o du selige,
gnadenbringende Weihnachtszeit!
Christ ist erschienen,
uns zu versühnen:
Freue, freue dich, o Christenheit!

3.
O du fröhliche, o du selige,
gnadenbringende Weihnachtszeit!
Himmlische Heere
jauchzen dir Ehre:
Freue, freue dich, o Christenheit!

# Stille Nacht, heilige Nacht

Die Geschichte dieses weit über Deutschland hinaus verbreiteten Liedes ist genau bekannt: Am 24. Dezember 1818 bat der Priester Joseph Mohr den Lehrer und Organisten Franz Gruber zu einem von ihm verfassten Gedicht eine Melodie zu schreiben. Noch am selben Abend wurde das Lied in Oberndorf uraufgeführt.

2.
Stille Nacht, heilige Nacht!
Hirten erst kund gemacht.
Durch der Engel Halleluja
tönt es laut von fern und nah:
|: Christ, der Retter ist da! :|

3.
Stille Nacht, heilige Nacht!
Gottes Sohn, o wie lacht
Lieb aus seinem göttlichen Mund,
da uns schlägt die rettende Stund',
|: Christ, in deiner Geburt! :|

# Erläuterungen zur Grifftabelle

Das Griffbild zeigt den dem Akkord entsprechenden Teil des Griffbrettes mit den sechs Saiten und die Fingerpositionen. Die Akkordbezeichnung steht über dem Griffbild. Links daneben (bei Barrégriffen) in römischen Ziffern die Bundzahlen.

Beispiel: $C^7$

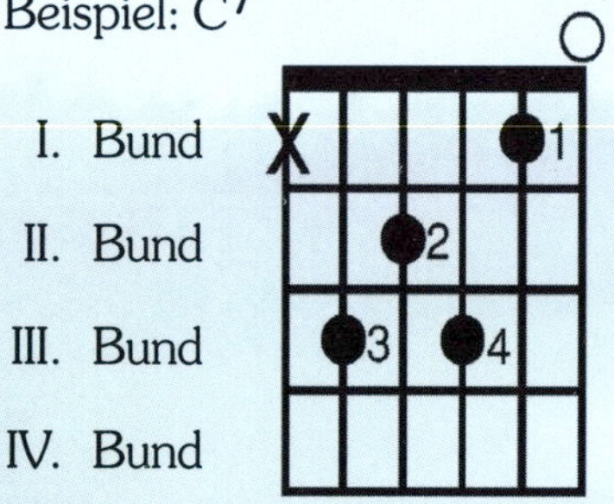


○ — leere (nicht gegriffene) Saite, die mitklingen darf
• — Griffposition des Fingers
1 — Zeigefinger
2 — Mittelfinger
3 — Ringfinger
4 — kleiner Finger
X — Saite darf nicht mitklingen, muss (z. B. mit dem Daumen) abgedämpft werden

* Die Akkordbezeichnung „H“ wird nur in Deutschland verwendet; international ist „B“ üblich, während das deutsche „B“ international mit „B♭“ notiert wird.

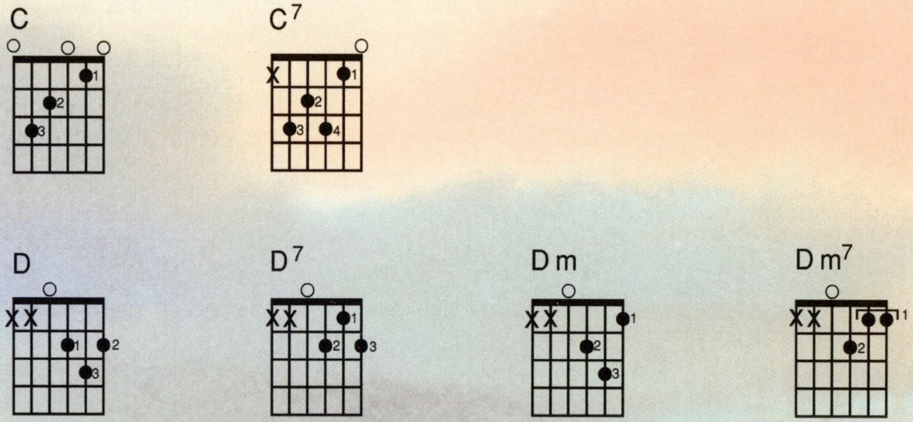

E
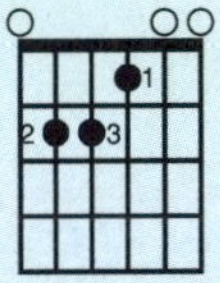
E⁷
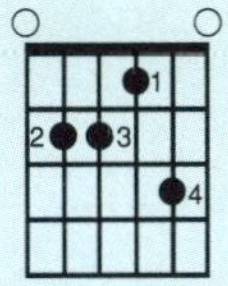
E m
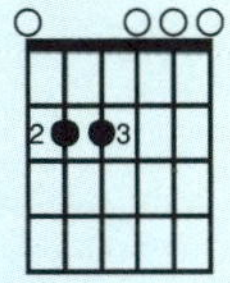
E m⁷
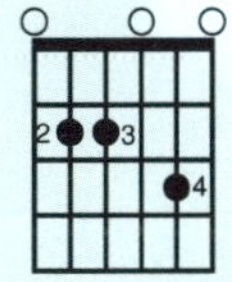

F
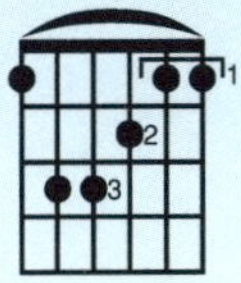
F⁷
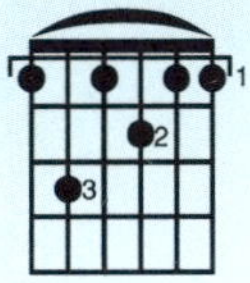
F♯m
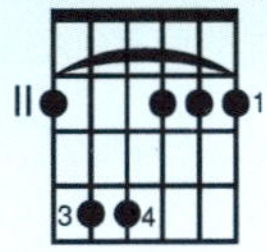

G
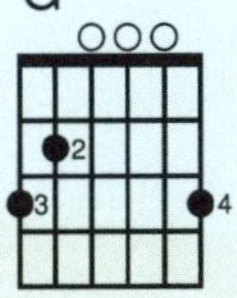
G⁷
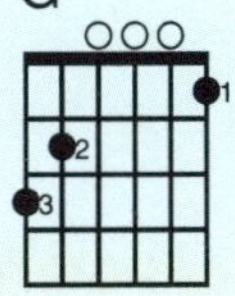
G m
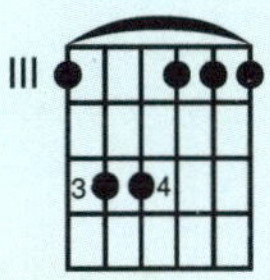
G m⁷
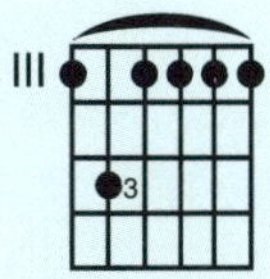

A

A⁷
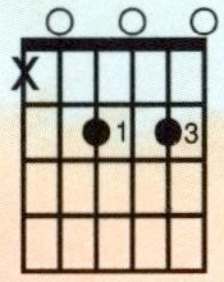
A m
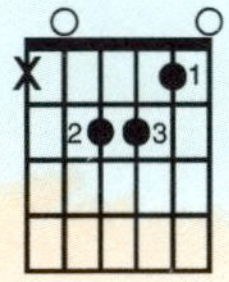
A m⁷
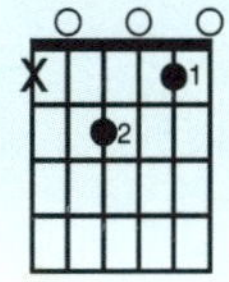

B*
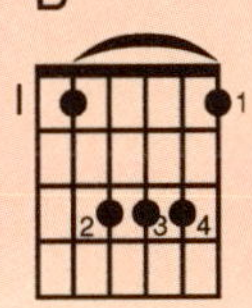

H
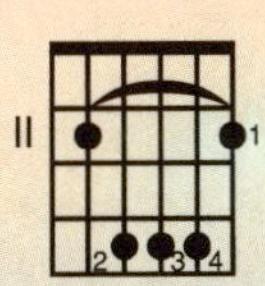
H⁷
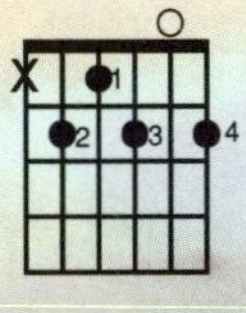
H m
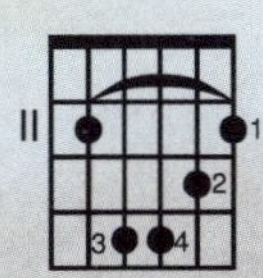

# Alphabetisches Verzeichnis der Liedanfänge

ISBN 978-3-8094-3167-1

1.Auflage

Projektleitung dieser Ausgabe: Martha Sprenger
Umschlaggestaltung: Norbert Pautner, Berlin
Titelbild und Illustrationen: Gaby Blam
Satz und Layout: Norbert Pautner, Berlin
Notensatz: Kontrapunkt, Bautzen
Reproduktion: dietnerZ PrePrint-Produktion, München
Druckerei: Theiss, St. Stefan im Lavanttal
Printed in Austria

MIX
Papier aus verantwortungsvollen Quellen
FSC® C012536

Verlagsgruppe Random House FSC® N001967
Das für dieses Buch verwendete FSC®-zertifizierte Papier *Juwel offset* liefert Arctic Paper, Kostrzyn.

67427090111